Adolf Phillippi

Die Frauenfrage

Eine zeitgeschichtliche Studie

Adolf Phillippi

Die Frauenfrage
Eine zeitgeschichtliche Studie

ISBN/EAN: 9783743365995

Hergestellt in Europa, USA, Kanada, Australien, Japan

Cover: Foto ©ninafisch / pixelio.de

Manufactured and distributed by brebook publishing software
(www.brebook.com)

Adolf Phillippi

Die Frauenfrage

Die Frauenfrage.

Eine zeitgeschichtliche Studie

von

Adolf Philippi.

„— auch spinnen sie nicht."

Bielefeld und Leipzig.
Verlag von Velhagen & Klasing.
1894.

Vorwort.

Die hier niedergelegten Bemerkungen über eine Frage, die durch manche neue Anregung in letzter Zeit an allgemeinem Interesse gewonnen hat, beruhen auf langjährigen eignen Beobachtungen und auf vielfachem Gedankenaustausche mit einsichtigen Männern und Frauen. Wenn der Verfasser dieser Aufsätze, deren erster zuerst im Sonntagsblatte des „Reichsboten“ vom 3. und 10. Juni dieses Jahres erschien, von vornherein erklärt, daß er der Möglichkeit einer Lösung auf den bis jetzt eingeschlagenen Wegen für seine Person zweifelnd und stellenweise ablehnend gegenüber steht, so wird die Offenheit des Bekenntnisses die Lektüre für manche Leserin weniger angenehm machen. Der Sache

aber kann es, wo es sich doch nicht um bloße Unter=
haltung handelt, nur förderlich sein, wenn der Standpunkt des Verfassers zum Widerspruch und zu weiterem
Nachdenken veranlaßt. In der Ausführung soll mög-
lichste Kürze herrschen. Denn es kommt nicht darauf
an, zu überreden, sondern verstanden zu werden.

Dresden.

Dr. Adolf Philippi,

Geheimer Hofrat,

früher Professor a. d. Universität Gießen.

Inhalt.

1. Allgemeines. Weibliche Arbeit in den Formen männlicher Berufsart.

————

I.

Die Frage nach der Erwerbsfähigkeit der Frauen besserer Stände ist, soweit ich mich erinnere, zunächst für Berlin — um von einem maßgebenden Zentrum auszugehen — zuerst vor einem Menschenalter praktisch aufgeworfen worden. Es sind daraus allerlei segens- reiche und mit Erfolg arbeitende Einrichtungen hervor- gegangen, die nicht einzeln genannt zu werden brauchen, weil sie jedem bekannt sind. Allen diesen Einrichtungen ist gemeinsam, daß sie sich innerhalb der von der Natur oder wenigstens von der herkömmlichen Auffassung ge- zogenen Grenzen weiblicher Thätigkeit halten, daß sie die nach eben dieser Auffassung der männlichen Arbeit vorbehaltenen Berufsarten nicht oder doch nicht vor-

wiegend berühren. Das ist in neuester Zeit anders
geworden und wird gleich weiter zu verfolgen sein. Einstweilen erinnern wir uns an die jedem von uns bekannte
Thatsache, daß die Bewegung innerhalb der sogenannten
niederen Stände, der arbeitenden Klasse, viel älter ist,
daß sie längst allerlei Ergebnisse, darunter auch recht
unerfreuliche, gezeitigt hat, daß hier also ein in mancher
Hinsicht abgeschlossenes Gebiet hinter unserer Erfahrung
liegt, von wo aus manch lehrreicher Ausblick in die
Zukunft der noch ungelösten „höheren" Frauenfrage
möglich sein wird. In den niederen Ständen ist die
Frau naturgemäß häufiger die Arbeitsgenossin des
Mannes, auch in der gleichen Arbeit. Der Anteil der
Frauen ist längst Bestandteil des praktischen Lebens und
Gegenstand der ordnenden Gesetzgebung geworden. Das
Maß dieses Anteils ist erfüllt. Die Gesellschaft, inner-
halb deren jetzt am meisten diese Frage erörtert wird,
die Sozialdemokratie, fordert keine Steigerung dieses
Arbeitsanteils mehr. Sie möchte im Gegenteil den
Frauen zwar politische Rechte verschaffen, aber in der
Beschränkung der Frauenarbeit geht ihr gerade der für-
sorgend eingreifende Staat noch nicht weit genug. Und
zwar nicht etwa bloß, weil der Mann seine Frau für

das Haus und die Besorgung der Kinder nötiger zu
haben glaubt. Vielmehr lassen alle Erörterungen einerseits über Arbeiterschutz und Herabsetzung der Arbeitszeit
überhaupt, anderseits über Beschränkung der Frauenarbeit, wie sie in den letzten Jahren reichlich gepflogen
wurden, — sie lassen alle einen Punkt als Ergebnis
klar hervortreten: der Mann empfindet seine Frau als
Konkurrentin in seiner Arbeit und für beide ist nach
seiner Auffassung in dem bisherigen Umfange der
Arbeitsleistung kein Platz mehr. Ich brauche wohl nur
mit einem Worte auszusprechen, daß dieser Wendepunkt
auch einmal in der „höheren" Frauenfrage eintreten
wird, und zwar um so eher, je entschiedener die im
Sinne dieser Frage sich organisierende Frauenarbeit sich
auf bisheriges männliches Domanialgebiet wagt. Die
folgenden Betrachtungen werden sogar zeigen, daß diese
Wendung für einzelne Arbeitsgebiete bereits sich vor-
bereitet. Analogieschlüsse sind nicht für alle Einzelheiten
zwingend, aber sie geben uns einen Standpunkt zur
vorläufigen Auffassung des Ganzen. Deswegen durfte
ich diesen Ausblick lehrreich nennen. Nun wenden wir
uns zu den einzelnen Thatsachen, mit denen sich unsere
Frage zu beschäftigen hat.

II.

Doch zuerst muß ich den Leser bitten, noch einige
Augenblicke in den Vorhallen zu verweilen und sich das
zu vergegenwärtigen, was sich in den letzten dreißig
Jahren auf den Arbeitsgebieten vollzogen hat, die mehr
weiblicher Art entsprechen und darum auch die Unter-
schiede höherer und geringerer Geistesbildung nicht so
scharf hervortreten lassen. Ich erinnere an einzelne
Zweige des Handels und des Gewerbes, an Buchhal-
terinnen, Rechnerinnen und Ladnerinnen, innerhalb des
staatlichen Betriebes an Post und Telegraphie. Das ist
natürlich örtlich sehr verschieden. In der Schweiz war
man beispielsweise hier schon vor Jahrzehnten zu einer
Entwicklung gekommen, die bei uns noch jetzt nicht erreicht ist.

Der alle diese Einzelerscheinungen bewegende Ge-
danke war nicht, den Frauen eine besondere Arbeit zu
schaffen, die der Mann nicht auch hätte leisten können.
Vor allem lag nicht etwa die Vorstellung einer höheren
oder auch nur einer spezifischen Intelligenz der Frauen
zu Grunde. Höchstens berief man sich auf Charakter-
eigenschaften und größere äußere Geschicklichkeit, wie sie

durch weibliche Handarbeit gefördert wird. Das mag
sich jeder meiner Leser im einzelnen selbst ausführen.
Namentlich aber war maßgebend die starke Triebfeder
in unserm, von der Konkurrenz erfüllten Geschäftsleben,
das Streben nach möglichst geringen Produktionskosten,
also die Billigkeit der Frauenarbeit.

Dieser Gesichtspunkt nun, ins Praktische übersetzt,
hat, wenn wir ihn nur für einen einzigen Ort und auf
einem einzigen Gebiete verfolgen wollen, ein Ergebnis
von verblüffender Deutlichkeit ins Leben gerufen. In
Berlin war vor dreißig Jahren weibliche Bedienung in
Läden, abgesehen von dem Hauspersonal und von einzelnen Geschäftszweigen, eine Seltenheit. Jeder weiß,
daß jetzt, was damals Ausnahme war, die Regel bildet.
Die Kehrseite davon ist die Misere der stellenlosen
Commis und das aussichtslose Lehrlingssystem. Erst
ganz vor kurzem hat ein Bericht, welchen der Ausschuß
für Arbeiterstatistik an den Reichskanzler erstattete, hier-
über sehr traurige Aufschlüsse gegeben. In der That
erzielt jetzt nur ein kleiner Teil aller männlichen Hand-
lungsbeflissenen trotz des gut organisierten und über
ganz Deutschland ausgebreiteten Stellennachweises ein
Jahreseinkommen, unter welchem eine dem Stande an-

gemessene Lebenshaltung eigentlich nicht mehr möglich
ist. Hat nun, was Tausenden von Männern, die sich
im tiefsten Elend befinden, genommen wurde, die Frauen
glücklich gemacht und ihnen zu einer ihren Ansprüchen
entsprechenden Lebenslage verholfen? Oder sehen nicht
auch sie bereits ihre Wünsche nicht erfüllt und das
Leben nicht geneigt, noch geeignet, ihnen weiteres zu
gewähren, so daß hier die Frauenfrage von einer be-
friedigenden Antwort noch ebenso weit entfernt ist, wie
vor dreißig Jahren? Die Antwort darauf mag sich
jeder nach seinen Erfahrungen selbst geben. Auf alle
Fälle wird er zugestehen, daß dieses ganze Gebiet zu
einem fruchtreichen Ertrag für Frauen besserer Stände
nicht weit genug bemessen ist.

Es gibt Witwen, die sich kleine Geschäfte in feineren
Artikeln mit oder ohne Laden einrichten und damit, wie
jeder von uns vorübergehend beobachtet haben wird, an-
ständig weiter kommen. Aber wie lange und ob sie damit
ihren ganzen Unterhalt verdienen und was sie als Kapital zuzusetzen hatten, weiß keiner. Denn eine Statistik
darüber gibt es nicht, und was schließlich mißglückt oder
trotz großer Bemühung von vornherein nicht geraten
ist, wird nicht beachtet. Ohne Kapital läßt sich über-

haupt kaum etwas erreichen, und dies sind auch dann
nur Wege, auf welche die Not einzelne Frauen zwingen
wird. Aber keine wird hier eine Lebensaufgabe zu
finden meinen, auf die sie sich aus freiem Antriebe vor-
bereiten möchte.

III.

Das Bestreben der Frauen richtet sich deshalb in
neuerer Zeit geraden Schrittes auf das Gefüge fest
umgrenzter geistiger Arbeitsgebiete, deren Voraussetzung
die Vorbildung auf der Universität ist. Die nächste
Forderung betrifft also Zulassung zu den Fakultäts-
studien. Der Staat hat sie noch nicht erfüllt, und wenn
er es thäte, so folgte daraus noch nicht die Zulassung
zu den Prüfungen und die Anwartschaft auf die Ämter.
Einstweilen rechnen wir mit diesem unfertigen Zustande.
In Leipzig, Heidelberg und anderwärts beginnt man
indessen Gymnasialklassen für Mädchen einzurichten.

Unter den Fakultäten scheidet natürlich die theolo-
gische aus, denn mulier taceat in ecclesia. Ebenso
die juristische. Weibliche Richter und Anwälte hat man

zwar in Amerika, bei uns braucht sich aber sicherlich
die nächste Generation mit dieser Spezies noch nicht
zu beschäftigen.

Es bleibt also zuerst das Studium der Medizin.
Dieses macht unter allen die größten Anforderungen an
Nerven und physische Kraft. Das gilt ebenso von dem
späteren ärztlichen Berufe. Diese Schwierigkeiten zu
überwinden und dann in der Ausübung des Berufes
wirklich zu bestehen, konkurrenzfähig neben dem Manne
zu bestehen, könnte der weiblichen Natur nur in Ausnahmefällen gelingen. Die Universität Genf war bekanntlich schon lange ein beliebter Sammelpunkt für
weibliche Studenten, die mit Vorliebe dem Studium
der Medizin sich ergaben. Die medizinische Fakultät
hat die Studien jeder einzelnen in ihrem Verlaufe bis
zum Endpunkt verfolgt, und ein kürzlich erschienener
Dekanatsbericht zeigt, daß das Schlußergebnis, welches
auf dem Material vieler Semester beruht, für die All-
gemeinheit ganz außerordentlich ungünstig ist. Dieser
Fall ist also so wenig praktisch, daß wir die weitere
Frage, ob in den Vorbedingungen zu einer ärztlichen
Diagnose die Frau dem Manne gewachsen sei, vorläufig
auf sich beruhen lassen dürfen.

Wir kommen also zu Spezialitäten, zunächst einer geringeren Ranges, der Zahnheilkunde. Sie hat den Vorzug einer leichter wiegenden Vorbildung, dafür aber weniger Verlockendes in der Ausübung sowohl, wie in der gesellschaftlichen Wertschätzung. Trotzdem gibt es Zahnkünstlerinnen, und sie sollen ja sehr Gutes leisten. Aber auch hier werden ganz ungewöhnliche Ansprüche an die Nerven gemacht, denen auf die Dauer wohl nicht viele Frauen genügen möchten. Den meisten wird von vornherein die Neigung fehlen, die zu diesem Berufe Vorbedingung ist. Ein großes Feld der Nachfrage liegt hier jedenfalls nicht offen. Immerhin könnte dem An= gebot einzelner nach den bisherigen Erfahrungen wohl entsprochen werden.

Anders steht es mit dem Berufe der Frauenärztin, zu dem man ja die Frauen als vorzugsweise geeignet manchmal bezeichnet hat. Hier wäre zuerst die ganze Vorbildung des Knaben vom Eintritt ins Gymnasium bis zum Staatsexamen mit allen ihren physischen An= strengungen durchzumachen. Sodann fragte es sich: wo liegt bei der Gynäkologie der Vorzug der Frau? Ich weiß, was man antworten wird, brauche also das nicht zu erörtern. Aber ich will statt dessen gleich ein ärzt=

liches Haupterfordernis hervorheben, nämlich die Dis-
kretion, d. h. die unbedingte Trennung alles etwa Persönlichen von dem vorliegenden pathologischen Falle.
Und nun frage sich jede Frau selbst, unter Vergegen-
wärtigung ihres Bekanntenkreises, ob sie lieber von dem
Herrn Doktor oder von der Frau Doktor behandelt
sein möchte. Der Mann hat nach seiner ganzen Stellung
innerhalb unserer Kulturgewöhnung eine Art angeborener
amtlicher Eigenschaft, die vieles deckt und einen gewissen
Grad von Vertrauen im voraus und in jedem einzelnen
Falle begründet. Bei den Frauen verleugnet sich nie
das Persönliche, das Zufällige ihrer Individualität.
So erfreulich und kurzweilig das für die meisten Lebens-
lagen ist, so gibt es doch Verhältnisse, in denen man
lieber auf diese Annehmlichkeit verzichtet, um mit festen
Werten zu rechnen, und das ist vor allem das Verhältnis des Kranken zum Arzte.

Wieder anders liegt die Sache meines Erachtens
bei der Kinderheilkunde. Eine kluge und erfahrene
Mutter kann in vielen Fällen ihren Kindern den Arzt
ersetzen, wie denn überhaupt ein gebildeter Mensch sich
viel freier vom ärztlichen Einflusse erhalten kann, als
man gewöhnlich denkt. Die Frauen sind ferner hervor-

ragend thätig in der Krankenpflege, und das ist sogar
die glänzendste Lösung eines Teils unserer Frauenfrage.
Ausbildung und Erfahrung führen hier zu Eigenschaften,
die wir wenigstens als einen Ersatz ärztlicher Kunst
ansehen dürfen. Eine große Zukunft hat sodann das
Naturheilverfahren, wenn es mit Maß geübt wird,
weil es die Menschen zum Nachdenken und zur Vorsorge
veranlaßt und dem Einflusse der Ärzte entzieht. Das
vernünftige Naturheilverfahren geht von dem Aufmerken
auf die Natur aus und sieht, wie weit es ohne ärzt-
liches Eingreifen kommen kann. Auch hier sind Frauen
vielfach mit Erfolg thätig. Ich könnte, wenn ich aus-
führlich werden wollte, dafür manches schöne Beispiel
bringen.

Alle diese Momente zusammen genommen geben recht
wohl eine Grundlage ab, auf der sich eine Art ärztlichen
Berufes entwickeln könnte, der den Eigenschaften der
Frau angepaßt wäre, nicht den anstrengenden Weg der
vollen medizinischen Ausbildung zur Voraussetzung hätte,
und in der Kinderheilkunde sowohl, wie überhaupt in
leichteren Krankheitsfällen einen zweckmäßigen Ersatz für
den eigentlichen Arzt schaffen würde. Ich will das nicht
ausführen, sondern nur auf Analogieen hinweisen, wie

2*

Heilgehilfen und Hebammen. Wenn ich nun hier einen wirklich Erfolg versprechenden Ansatz zu weiblicher Berufsthätigkeit zu sehen meine, so ist doch zweierlei noch hervorzuheben. Es wird sich dabei erstens zunächst immer nur um eine Ärztin zweiter Klasse handeln, wenn auch nicht ausgeschlossen ist, daß einzelne sich nachträglich die volle akademische Ausbildung und ärztliche Stellung, vorausgesetzt, daß unsere Gesetzgebung das dann zuläßt, verschaffen könnten, wie ja auch Elementarlehrer und Zahnärzte durch akademisches Studium ihre Lebensstellung erhöhen. Gesellschaftliche Aspirationen junger Damen sind indessen auf diesem Wege nicht zu befriedigen, sondern nur ein ernsthaftes Arbeitsbedürfnis. Die größte Schwierigkeit aber bei dieser Einrichtung liegt zweitens in der Abgrenzung gegen den ärztlichen Beruf der Männer und gegen seine bekanntlich durch feste Standesorganisation kräftig vertretenen Interessen. Dies wäre wieder ein ganzes Kapitel für sich. Es kann nur einzelnes davon angedeutet werden. Die hohe Kultur des neunzehnten Jahrhunderts beugt sich in ganz unglaublichem Maße unter den standesmäßig organisierten Machtspruch der Ärzte, und nähert sich darin wieder einigermaßen dem Naturzustande des Wilden, der an ihrer Stelle seine Zauberer verehrt. Die Ärzte erklären die Menschen für krank und gesund und wehren jeden Eingriff unzünftiger Meinung mit gesetzmäßig ihnen zustehenden Mitteln ab. Also auch hier wieder eine Form der Konkurrenzabwehrung! Hiermit soll kein einem Standpunkte zu Liebe abgegebenes Urteil ausgesprochen, sondern nur ein thatsächlicher Zustand bezeichnet werden, damit man sieht, daß innerhalb des letzteren für die uns interessierende Neuerung im Frauenberuf noch kein Platz ist, sondern erst geschaffen werden müßte. Der Organisation muß die Gesetzgebung zur Seite gehen. Allem voran steht die ernstliche Erörterung, und dazu mag dies ein bescheidener Beitrag sein.

———

IV.

Wenn die Frauen die Zulassung zu den Studien der philosophischen Fakultät erstreben, so denken sie dabei zunächst nicht an die geistigen Mittel zur Entfaltung einer freien wissenschaftlichen Thätigkeit, eigene Schriftstellerei oder dergleichen. Das scheint mehr Sache des Talents zu sein und sollte eigentlich nicht erst durch

Behandlung der Frauenfrage gefördert werden. Wir
lassen deshalb das jetzt beiseite und wenden uns zuerst
der geordneten Berufsthätigkeit zu, welche die Frauen
auf dem Wege der akademischen Ausbildung vorzugsweise erstreben. Das ist das Lehrfach und zwar natürlich das der Töchterschule.

Allerdings bemerkte mir erst ganz kürzlich eine recht
einsichtsvolle Dame, nach ihren Wahrnehmungen könnte
eine Frau sogar in den unteren Gymnasialklassen und
in Knabenvorschulen mit Erfolg unterrichten, und eine
hervorragende Wortführerin der Bewegung habe diesen
Punkt mit auf ihr Programm gesetzt. Ich konnte darauf
nur erwidern, ob denn die Männer das bisher so schlecht
gemacht hätten, daß sie durch Frauen ersetzt werden
müßten, und warum denn diese nicht erst das zu erreichen suchen wollten, was ihnen doch näher läge. —
In der Töchterschule streben nun die Frauen insonderheit
auch die Fächer zu besetzen, welche sich über elementare
Thätigkeit erheben und bis jetzt vielfach von akademisch
gebildeten Lehrern versehen werden. Die Formel würde
also in möglichster Deutlichkeit lauten: Studierte Lehrerinnen an Töchterschulen anstatt der Lehrer! — Bis
dahin, wenn es überhaupt je soweit kommen sollte, sind

noch sehr viele Schritte zu thun. Einstweilen haben wir Übergangsstadien vor uns, in deren eines wir bereits eingetreten sind.

Die Frauen beanspruchen auf Grund ihrer bisherigen Ausbildung oder mit Hilfe eines Ersatzmittels für das akademische Studium („akademische Kurse" an verschiedenen Orten) größeren Anteil an den Lehrstellen der Töchterschule, sowohl nach der Zahl der Stellen, als in der Wahl der Fächer. Sie begründen ihre Forderung einstweilen mit ihrer den Mädchen gegenüber größeren pädagogischen Qualifikation, welche den wissenschaftlichen Defekt ausgleichen soll. Diese Angelegenheit ist bereits als „Töchterschulfrage" vielfach zum Gegenstand der Erörterung gemacht und, wie man weiß, haben in jüngster Zeit innerhalb des preußischen Kultusministeriums Erwägungen in dieser Richtung stattgefunden, welche bis jetzt freilich nur ein praktisch nicht sehr schwer wiegendes Ergebnis herbeiführten. Der Direktor einer höheren Töchterschule soll sich nämlich fortan einer Lehrerin als pädagogischen Beirates erfreuen, und von den Oberklassen soll eine als Klassenführerin eine Lehrerin haben.

Diese Frage ist, scharf betrachtet, gar keine Töchterschulfrage, denn sie hat mit den Lehrzielen und Aufgaben der Töchterschule nicht viel zu thun; sondern es ist eine „Lehrerinnenfrage", also ein Teil dessen, was man unter dem Namen der Frauenfrage zu behandeln pflegt.

Charakteristisch ist denn auch, daß die in derselben Arbeit stehende Männerwelt sich von Anfang an gegen diese Ansprüche der Frauen erklärt hat. Und kaum hat das preußische Kultusministerium den Frauen unter allerlei Einschränkungen etwas gegeben, was diese höchstens als eine bescheidene moralische Stärkung für ihre weiteren Anstrengungen in dieser Richtung ansehen werden, so erscheinen schon in den Zeitungen die Artikel der akademisch gebildeten Lehrer, die sich durch jene Gleichsetzung nicht nur in ihrem Brote geschmälert, sondern auch in der Ehre ihrer Stellung und des Amtes verletzt fühlen, das sie sich durch andersartige Vorbildung erarbeitet haben. Also wieder die Konkurrenz, das freie Spiel der Kräfte! Wer wird gewinnen?

Das ist die gegenwärtige Lage. Versuchen wir, in gerechter Weise die streitenden Ansprüche zu beleuchten, als ob wir sie zu schlichten hätten. Die Frauen übersehen oder unterschätzen, was der studierte Mann aus seinem Schulunterricht, auch dem schlechtesten, an formaler geistiger Schulung mitbringt, woran dann die Universität anknüpft und selbst bei mittelmäßigem Menschenmaterial immer noch ganz leibliche Ergebnisse erzielt, mit denen auch die begabtere Frauennatur in folgenden vier Fällen nicht konkurrieren kann.

Zuerst ist es die Grammatik. Die Frau kann vielleicht vortrefflich Sprachen lehren, Französisch, Englisch, vielleicht auch Deutsch, aber nicht Grammatik, wenn man diese ferner noch für nötig hält. Der Knabe hat auch auf dem mittelmäßigsten Gymnasium fast durch jede Lektion syntaktische Formen beherrschen gelernt, so daß sie ihm so natürlich und durchsichtig erscheinen, wie Denkformen. Die Frau lernt das nie und kann es auch auf dem bisherigen Wege nicht lernen. Das klingt unhöflich, aber die Thatsache ist so einfach, daß sich unter Kundigen darüber gar nicht streiten läßt. Weitere Ausführung ist deshalb überflüssig.

Ganz dasselbe gilt zweitens für die Geschichte, wenn es sich dabei nicht etwa nur um sogenannten schönen, anregenden Vortrag handelt, sondern um wirkliche, durchdringende Auffassung. Dieser Satz wird noch weniger Widerspruch finden, als der erste.

Mehr vielleicht der dritte, den ich gleichwohl wage. Es gibt wenig Frauen, die scharf und sicher rechnen,

so merkwürdig das klingt; ich denke nicht etwa an
Mathematik, sondern an das einfache Rechnen. Denke
jeder meiner etwaigen Leser zu seinem eignen Nutzen
darüber nach, gehe er unter das Volk, in die Laden-
geschäfte, denke er an gebildete Frauen seines Umganges;
er wird erfahren, was ich erfahren habe: es gibt außerordentlich wenig Frauen, die schnell und sicher rechnen.
An den wenigen, die man findet, wird man immer
einen besonders scharfen, klaren Verstand zu bewundern
haben. Aber mit solchen Ausnahmemenschen kann man
doch nicht viele Lehrstellen besetzen.

Viertens bezeichne ich innerhalb des naturwissen-
schaftlichen Unterrichtes die Physik als entschiedene Re-
nonce, ohne indessen darauf großen Nachdruck zu legen,
da die Frauenbildung leicht empfindlichere Lücken zeigen
kann als diese, die noch am ehesten zu verschmerzen
wäre.

Gegenüber diesen geringeren Werten beruft sich die
Frauenemanzipation auf den höheren Wert der Frau
in erzieherischer Hinsicht. Nach dem, was ich darüber
gehört und selbst erfahren habe, dürfte vielmehr etwa
folgendes richtig sein. Verheiratete Lehrer werden im allgemeinen unverheirateten vorgezogen. Ein unverheirateter

Mann ist nach einem gewissen Lebensalter überhaupt doch nur ein halber Mensch, und über des Lebens Mitte hinaus reduziert sich sein Wert etwa noch bis auf das letzte Viertel. Sollte es bei den Frauen, als Lehrerinnen wenigstens, anders sein? Woher aber will man verheiratete Lehrerinnen nehmen, und wie soll eine verheiratete Frau einen so geregelten Beruf erfüllen? — Der erzieherische Wert der Frau zeigt sich nun nach dem Urteile vieler Väter leider darin, daß die kleinen Mädchen sich über die Verstimmtheit, Nervosität und Unberechenbarkeit ihrer Lehrerinnen oft zu beklagen pflegen, während sie doch bei Lehrern reiferen Alters Strenge von Willkür wohl zu unterscheiden im stande sind. Ich für meinen Teil würde unsere höheren Töchter aufs herzlichste bedauern, wenn sie in eine ganz von Damen besetzte und vollends von einer Dame geleitete Schule kämen und bitte nicht die Verhältnisse der besseren und feineren Privattöchterschulen zum Gegenbeweis heranzuziehen. Denn in jedem Privatinstitute regulieren sich solche Mißstände durch die Rücksicht auf das Publikum, welche bei einer vom Staate oder von der städtischen Behörde bestellten Anstalt wegfallen würde.

Ich halte die Frage nach dem Anteil der Frauen

an den Lehrstellen der Töchterschule nicht für sehr dringend. Der Agitation steht, wenn ich mich nicht täusche,
ein ziemlich entschlossener Widerstand der Männer ent-
gegen. Und ich glaube, das Publikum, die sogenannte
öffentliche Meinung, wird hier nicht auf Seite der
Frauen treten.

Man kann also die Bewegung an diesem Punkte
getrost, wie man in kühler Stimmung sich auszudrücken
pflegt, sich selbst überlassen. Wer aber Teilnahme für
die Frauen hat, wird lieber sie bringend bitten, ihre
Forderungen nicht zu überspannen.

Aus der Stellung, welche diese Erörterungen zu
einer praktischen Frage der Gegenwart einnehmen, ergab
sich ihre polemische Form, aus den Anschauungen ihres
Verfassers ihre ablehnende Haltung. Die selbstverständ-
liche Anerkennung des Guten, welches trotz alledem vorhanden ist, konnte dabei nicht zum Ausdrucke kommen.
Damit aber nichts unterlassen sei, möge deutlich gesagt
sein, daß es mir nicht weniger, als vielleicht jedem
meiner Leser bekannt ist, wie es zahlreiche gute und
ausgezeichnete Lehrerinnen gibt und gegeben hat, deren
Leistungen gegenüber keiner an einen Ersatz durch männliche Kräfte denken würde. Das also ist unbestritten.

Aber ebenso gewiß ist es, daß viele weibliche Wesen sich
zu dieser Laufbahn anschicken, die ihr besser fern blieben,
daß ferner hier gerade so, wie in dem Fache der akademisch gebildeten Lehrer, der Andrang das Bedürfnis
hoch übersteigt, daß endlich eine leistungsfähige Kraft
trotzdem wohl immer noch in der Regel ihr Ziel erreicht, die ungeeigneten oder der Ungunst der äußeren
Umstände nicht gewachsenen jungen Mädchen aber sich
nicht beklagen dürfen, wenn auch sie so gut, wie zahlreiche junge Männer, in dem Konkurrenzkampfe unter-
liegen. Das ist in jedem einzelnen Falle traurig. Aber
zu einer Agitation gibt es keinen gerechten Anlaß, und
mit der Frauenfrage hat es, wenn man sich die Sache
in Ruhe überlegen will, doch nicht viel zu thun!

<hr />

V.

Ganz anders läge ja die Frage, und auch die den ärztlichen Beruf der Frauen betreffende, wenn die Mädchengymnasien bereits vorhanden wären und einige Male
bis zur Entlassung von Abiturientinnen gearbeitet
hätten. Aber man ist ja erst im Begriffe, sie einzu-

richten. Es lohnt sich wohl ein kurzer Blick in die
Zukunft.

Der Mann verdankt seine bevorzugte Berufsstellung
dem langen, ungestörten, privilegierten Knabenunterrichte
„Gib mir die Zeit und die Gelegenheit," meint das
Mädchen, „dann springe ich ebenso weit, wie du." Das
etwa ist der Standpunkt. Wird man von hier aus die
Frauenfrage lösen? — Es fällt mir nicht ein, zu be-
streiten, daß eine Anzahl begabter Töchter wohlhabender
Eltern bei gut geleitetem Unterrichte dasselbe erreichen
können, wie ihre Brüder. Aber großen körperlichen Anstrengungen gegenüber ist das Mädchen von vornherein
ungünstiger gestellt, als der Knabe. Vielleicht überwindet
es sie nur mit Opfern, die der Gewinn nicht völlig
aufwiegt. Auch wird ein Mißerfolg hier viel empfind-
licher sein, als wenn der Junge „sitzen bleibt". Auf
jeden Fall beeinträchtigt dieser neue Gymnasialunterricht
die Erziehung eines Mädchens im Sinne der bisherigen
Kulturanschauung, und wenn schon jede Vorherbestim-
mung in Bezug auf den Weg eines Knaben etwas Pein-
liches, Unbequemes hat, so würde, falls das Mädchen
sein Ziel nicht erreichte, etwas inzwischen Versäumtes
als weitere Einbuße hinzuzunehmen sein.

Bei diesem Anlaß mag noch ein Gefühlsargument wenigstens angedeutet werden, obwohl es nicht für jeden die gleiche Überzeugungskraft haben wird. Was wir selbst an unseren Müttern, Schwestern und Frauen hatten und haben, wissen wir alle aus langer, lieber Gewohnheit. Ich glaube nicht, daß ein vernünftiger, fertiger Mann es jemals unangenehm oder gar schmerzlich empfunden hätte, wenn an einem Punkte, wo sein theoretisches Wissen, seine erlernte Kenntnis einmal versagte, er auch dort keine Hilfe mehr fand. Sollen wir nun annehmen, daß künftig für unsere Söhne das ewig Weibliche anziehender sich verkörpern wird in solchen jungen Damen, deren liebste Beschäftigung ein flotter wissenschaftlicher Disput ist, also gerade das, was jetzt unsere Studenten als „Fachsimpelei" von der Ballunterhaltung auszuschließen durch ihre gesellschaftlich fortgeschritteneren Kommilitonen gewöhnt werden? — Dann glückliche Reise auf den Lebensweg!

Wer sich das alles vorstellt, wird mir zugeben: einen großen Zudrang werden die Mädchengymnasien nicht auszuhalten haben. Es wird aber zur Klärung streitender Ansichten führen, wenn einer Minderheit Gelegenheit gegeben wird, zu zeigen, ob sie recht hat oder nicht.

Eine Lösung für weite Kreise könnte doch die Frauenfrage auf diesem Wege nur erfahren, wenn diese bevor-
zugten Abiturientinnen demnächst studierten und dann,
ob innerhalb der vom Staate geschaffenen amtlichen
Befugnis, oder in freier Thätigkeit, einen Beruf sich
schafften, der sie ernährte; denn das gehört in der Hauptsache immer noch zu einem Berufe. Sie müßten aber
auch diesen Beruf trotz ihrer etwaigen Verheiratung
fortzusetzen im stande sein. Denn wenn sie das nicht
könnten, wäre der ganze Weg umsonst gemacht. Ein
Mädchen ist als zukünftige Ehehälfte in der Regel gewiß
darum dem Manne nicht wertvoller, weil sie Ärztin,
Lehrerin und dergleichen gewesen ist. Oder würde sie
ihrerseits, weil beides sich nicht vereinigen läßt, ihren
Beruf beibehalten und auf die Ehe verzichten? Kann
sein! Folgerichtig müßte dann künftig ein Vater seiner
Tochter, ehe er sie auf das Gymnasium bringt, sagen:
„Liebes Kind, du mußt dich jetzt über dein Lebensziel
entscheiden, ob du einmal u. s. w." Man sieht, zu was
für unsinnigen Folgerungen man kommt, wenn man hier
anfängt, sich etwas im einzelnen zu vergegenwärtigen.
Also das Mädchengymnasium ist für verhältnismäßig
wenige Töchter wohlhabender Eltern und wird übrigens

nicht viel Nutzen, noch Schaden stiften. — Und nun zurück ins Reich der Wirklichkeit!

———

VI.

Auch in der Kunst arbeiten Frauen. Den Ausgang nahm aber die Versorgungsfrage in Berlin in den siebziger Jahren vielmehr von verschiedenen Zweigen des Kunsthandwerkes. Aber auch die höhere Kunst kommt in Betracht. In Berlin, München, Düsseldorf, Dresden u. s. w. gibt es bekanntlich zahlreiche Malerinnen. Ob aber auch Bildhauerinnen von einiger Bedeutung? Das allein schon gibt einen lehrreichen Fingerzeig. Denn schwerlich hat dieser Mangel ausschließlich in dem Erfordernis größerer Kraftaufwendung seinen Grund, sondern auch darin, daß der Bildhauer allseitig und genau bis ins Kleinste die menschliche Form in Ruhe und Bewegung kennen und herausarbeiten muß und hier das weibliche Können seine natürliche Grenze findet. Und wenn wir nun unter den leichter hervorzubringenden Werken der Malerei Umschau halten, wo sind da in

Vergangenheit und Gegenwart den männlichen Leistungen
ebenbürtige Erfolge?

Das ältere Holland hat einige recht achtungswerte
Blumenmalerinnen hervorgebracht, die italienische Histo-
rien- und Figurenmalerei des 17. Jahrhunderts sogar
eine große Anzahl von Künstlerinnen. Aber ihre Leistungen verschwinden neben denen der gleichzeitig malenden
Männer vollständig. Erst das Barock und die kleinere
Gattung, die zur Miniaturmalerei hinüberführt, zeigt
im Verlaufe der Geschichte Frauen, die zu ihrer Zeit
einen bedeutenden Ruf genossen und deren Bilder auch
jetzt noch im Publikum eine große und eigentümliche
Beliebtheit behauptet haben. Die heutige, auf geschicht-
licher Vergleichung beruhende, richtigere Schätzung wird
selbst den besten von ihnen, wie einer Angelica Kauff-
mann, keine so hohe Stelle mehr einräumen.

Noch später war Rosa Bonheur eine geradezu
bedeutende Tiermalerin, in ihrer Gattung sogar so
hervorragend, daß mit ihr vielleicht überhaupt kaum eine
zweite Künstlerin sich messen kann, so viele tüchtige
Malerinnen auch die Gegenwart, namentlich in Land-
schaft und Porträt, aufzuweisen hat.

Wir finden hier viel Anerkennenswertes und lassen

auch das weniger Gelungene gelten, denn es braucht ja nicht alles, was Frauen thun, ausgezeichnet zu sein, so wenig wie die Männer uns mit ausschließlich guten Leistungen erfreuen. Aber sollte nicht doch bei einiger Prüfung sich zeigen, daß die meiste Ware unter Mittelwert den Frauen zufällt? Ferner — worauf ich noch mehr Gewicht lege — wie viele von Frauen herrührende, wirklich eigentümliche Leistungen werden sich finden? Ich meine, um über die Bedeutung des Ausdrucks keinen Zweifel zu lassen, solche, deren Vorzüge sofort auf einen bestimmten Ursprung hinleiten, dergleichen man auf seiten der Männer zahlreiche nennen könnte!

Es wird auch hier wohl nicht unrecht geurteilt sein, wenn man sagt: die Frauen stehen, wo der Vergleich gerechtfertigt ist, zurück mit ihren Leistungen, aber auch in der Meinung desjenigen Publikums, welches sich Sachkenntnis zutraut. Ich erinnere an die zahlreichen Malkurse unserer großen Städte, wo die Damen selbst, wenn sie die Wahl haben, gewöhnlich sich nicht zu Gunsten ihres eignen Geschlechtes entscheiden.

Die Frauen werden sagen, der Grund liege nicht in der geringeren Begabung, sondern darin, daß ihnen die Wege nicht offen stehen, die die Männer zu ihrer

Ausbildung wählen können. Und darin liegt viel Richtiges, so wenig es sich auch ändern läßt. Denn richtig sehen und scharf zeichnen lernt der Künstler, welches Spezialfach er auch später pflegen will, nur an dem lebenden menschlichen Körper, an dem „Akt", weil nur da auch der kleinste Fehler sofort kontrollierbar ist. Diese Schule steht freilich den Frauen nicht ohne weiteres offen, und es ist besser so und mag bei uns in Deutschland immer so bleiben. Wollen sie trotz dieser Erkenntnis und mit geringeren Leistungen zufrieden, die Konkurrenz mit den Männern wagen, — wohlan! Aber nur in den seltensten Fällen wird es zur Begründung eines sicheren Berufes führen. Und hier kann auch keine Förderung etwas nützen.

In dieser Erwägung ist ja gerade von den verschiedensten Seiten auf das Kunsthandwerk hingewiesen, weil hier am ehesten Bedürfnis vorhanden und befriedigende Leistungen zu erreichen seien. Vieles, wie Sticken, Knüpfarbeit, Musterzeichnen, schließt sich direkt an gewohnte Frauenarbeit an; anders, wie Lederarbeit, Brandmalerei, Kerbschnitt, läßt sich mit einigem Erfolge verwerten. Aber nach meinen Erfahrungen, die sich zunächst auf Berlin beziehen, gehört für eine Frau sehr viel

Geschick, große Energie und außerdem noch etwas Glück
dazu, um sich oder gar noch einer kleinen Familie einen
anständigen Unterhalt zu sichern. Etwas anderes ist
es, wenn nur ein Nebenverdienst gesucht wird. Aber
vieles auf diesem Gebiete ist bloße Spielerei, vergleichbar
der „Musik", die ein junges Mädchen treibt, aber auch
ebenso gut lassen kann.

Wollte man überhaupt doch in der „Frauenfrage"
Zweck und Ernst von Spiel und Sport gewissenhaft
unterscheiden! Wird einmal in einem Falle Ernst gemacht, so zeigt die Sache sofort ein ganz anderes Gesicht.
Die neue Fachschule für künftige Zeichenlehrerinnen in
Berlin schreibt einen zweijährigen Kursus mit nicht
weniger als achtundvierzig wöchentlichen Stunden vor.
Der kürzlich erschienene Bericht hebt hervor, daß die
Folgen dieser Anstrengung in dem Befinden und sogar
in der Gesundheit der Schülerinnen sich in erheblichem
Maße bemerkbar machen. — Das glaube ich gern,
meine aber trotzdem nicht, daß die Anforderungen zu
ermäßigen seien, sondern sage vielmehr: hier ist eine
ernsthafte Probe. Ohne Streiche fällt kein Baum, und
von den Männern erreichen auch lange nicht alle ihr
Ziel, oder überhaupt auch nur ein Ziel. Wir werden

also der neuen Schule den besten Erfolg wünschen, uns
aber nicht einbilden, daß auf diesem Wege für v i e l e
arbeitsuchende Mädchen besserer Stände ein ergiebiges
Feld gefunden wird.

VII.

Bekanntlich haben unsere Vorfahren viel Nachdenken
und Experiment auf das Problem verwendet, selbständi-
ges physisches Leben auf chemischem Wege herzustellen.
Als nun einmal ein Abbé den Damen eines Pariser
Salons in der Aufklärungszeit die neuesten Fortschritte
auf dem Wege zur Erzielung des Homunculus auf das
Beredteste entwickelt hatte, entgegnete eine schlagfertige
Marquise: „Mein lieber Abbé, wenn das auch alles
möglich wäre, glauben Sie mir, man wird immer wieder
zu der alten Methode zurückkehren."

Ganz dasselbe gilt meiner Überzeugung nach von
der Arbeit der Frauen. Einzelnen von ihnen wird
wohl auf jedem der bisher betretenen Wege geholfen
werden können; aber nach einer Lösung der Frage sieht
das wahrhaftig nicht aus. Es bleibt also dabei, daß

jeber praktische Versuch, die Frage zu behandeln, da einsetzen muß, wohin der Frau besondere Vorzüge und ihre Stellung in der historischen, von Gott gewollten Lebensordnung weisen. Die Frauen sind nicht bloß in äußeren Fertigkeiten, die sie selbst leider oft für etwas Untergeordnetes ansehen, sondern vielfach auch in geistigen Eigenschaften, in Gefühl, Takt, Intuition, den Männern, sogar ihren Männern überlegen, wovon sich jeder bei einiger Beobachtung leicht überzeugen kann. Warum wollen sie da, wo die Männer ihre Stärke haben, mit schwächeren Leistungen in den Wettkampf treten und, was sie etwa gewinnen, jenen nehmen, während der Wert ihrer eignen Arbeit der Frau selbst am besten zu Gemüte geführt werden mag an der empfindlichen, durch nichts anderes auszufüllenden Lücke, welche entsteht, wo sie einmal fehlt! Jede Bestrebung, die sich von diesen Voraussetzungen entfernt, greift über die grundlegenden Bedingungen unseres Lebens hinaus und kann nur ein erzwungener Notbehelf sein. Am allerwenigsten darf hier, wenn die Bewegung auf Beifall rechnen will, der Emanzipationssport sich einrichten!

2. Musik und schöne Wissenschaften.

Außer der Arbeit, welche die Frauen im Anschluß an die amtlich geordnete Thätigkeit der Männer suchen, kommen frei gewählte Beschäftigungen in Betracht. Der bildenden Kunst ist schon gedacht worden. Was übrig bleibt, liegt auf dem Gebiete der Musik oder der Litteratur. Wenn wir nunmehr diesen unsere Aufmerksamkeit zuwenden, so werden wir nach Möglichkeit alles auszuschließen haben, was vorwiegend Sache eines ausgesprochenen Talentes ist, und dürfen nur das ins Auge fassen, was vom Ausgangspunkte des Durchschnittskönnens aus mit einiger Sicherheit sich erreichen läßt. Im ganzen scheint die Thätigkeit auf einem dieser Gebiete mehr der weiblichen Art zu entsprechen, als die

Beschäftigungen, welche wir in dem ersten Aufsatze zu
betrachten hatten. Doch bleibt auch hier festzuhalten,
daß die Leistung, wenn sie auf Anerkennung Anspruch
haben will, in einem gewissen Grade eigentümlich, spe-
zifisch, oder doch wenigstens der männlichen Arbeit
gleichwertig sein muß. Das wird gewöhnlich übersehen,
und die Frauen meinen oft, es genüge schon, wenn sie
etwas „auch" machen, ohne nach dem Wie zu fragen.
Ist weder das eine, noch das andere der Fall, so kann
die Bemühung wohl immer noch einen Ertrag geben,
aber die Frauen dürfen sich nicht wundern, wenn er
nicht groß ist und vor allen Dingen, wenn er keine
Dauer verspricht.

II.

In der Musik fällt zunächst alles Virtuosentum,
die Sängerin großen Stils für Theater und Konzert,
die wirkliche Instrumentalkünstlerin oder Komponistin,
ganz außerhalb des Bereiches dieser Betrachtung. Wem
das geglückt ist oder noch ferner glückt, dem ist persönlich
durch seine außergewöhnliche Begabung der Weg geebnet.

Eine Methode für gewöhnliche Menſchen, eine Carriere, die zu dieſer Höhe führt, gibt es nicht. Denn durch die Erfolge, welche der mittlere Durchſchnitt erreicht, noch dazu als ſeltene Treffer unter vielen Nieten, werden ſich wohl nicht viele anlocken laſſen.

Das gilt in noch höherem Maße für das Schau- ſpiel, wo ja anderſeits die Frau den unleugbaren Vorzug einer ſpezifiſchen Leiſtungsfähigkeit für ſich hat. Dieſes praktiſch — leider! möchte man ſagen — ſehr ausge- dehnte Gebiet brauche ich darum nur mit der kurzen Bemerkung zu ſtreifen, daß das „Milieu" für Töchter beſſerer Stände eigentlich überhaupt nicht in Frage kommen dürfte.

Demnach bleibt, im Grunde genommen, nur der Muſikunterricht übrig. Er bietet ja einige Ausſicht, ſetzt aber auch, wenn mit einem gewiſſen Grade von Sicherheit gerechnet werden ſoll oder muß, ſchon ziemlich viel an Leiſtung voraus. Es handelt ſich um Klavier und Geſang, allenfalls um Violine und zwar, wenn wir die wirklichen Verhältniſſe ins Auge faſſen wollen, vor- zugsweiſe für jüngere Kinder. Dieſe läßt man gern durch weibliche Weſen unterrichten und zwar hauptſäch- lich der Billigkeit wegen. Darin liegt, wie jeder weiß, daß bei etwa gleichen Leistungen Männer höhere Preise machen können. Auch hier wieder sieht man, daß die Frauen auch bei gleichen Anstrengungen mit geringeren Erfolgen sich bescheiden müssen. Diese Erkenntnis muß am Anfange aller ihrer Bemühungen stehen, und nur solche mögen diesen Weg betreten, die sich durch den praktischen Leitsatz, den das Leben an die Hand gibt, daß sie trotz alledem den Männern nachstehen werden, nicht entmutigen lassen.

Das Arbeitsgebiet schränkt sich nun aber ferner für sie dadurch noch weiter ein, daß die öffentliche Schule den Gesangunterricht in die Hand nimmt, der dann für die meisten Kinder genügt. Außerdem mehren sich in den größeren Städten die Musikschulen, und wenn Frauen auch vielfach an diesen wieder Stellung finden, so wird doch mindestens ihr Lohn durch den Zwischenverdienst des Unternehmers gedrückt, abgesehen davon, daß sie mit der Selbständigkeit einen Hauptreiz ihrer Berufsarbeit einbüßen. Die Frau kann deshalb nur ein Angebot machen, welches einen eigentümlichen Wert darstellt. Das ist der Musikunterricht für heran- wachsende junge Mädchen. Hier wird man Frauen sogar häufig Männern vorziehen, aus Gründen freilich, die,

wie wir alle wissen, mit dem Inhalte oder dem Werte
der Arbeitsleistung nichts zu thun haben.

Als Feld steht also den erwerbsuchenden Frauen
unter der Voraussetzung des mittleren Durchschnitts nur
der billigere Klavierunterricht für kleinere Kinder offen.
Es gehört dazu nicht allzuviel, bedarf also keines großen
Einsatzes, aber es kommt auch nicht viel dabei heraus,
weder an Ehre, noch an Brot. Es ist ein bescheidenes,
und, wenn der ganze Unterhalt darauf ruhen soll, auch
sorgenvolles Los, welches die meisten Klavierlehrerinnen
sich gezogen haben. Etwas anderes ist es, wenn zu
einer sonst in der Hauptsache gesicherten Existenz eine
Zubuße beschafft werden soll. Aber darauf hin unter-
nimmt doch wohl kaum jemand von vornherein die
großen Mühen einer besonderen Berufsausbildung. Wo
aber etwas mehr geleistet werden soll, als das Gewöhnliche, etwas mehr, als der Anfangsunterricht, der ja
für viele Kinder unserer wohlhabenden Häuser nur die
Bedeutung eines stundenplanmäßigen Zeitvertreibes hat,
da ist für die künftige Lehrerin die Anstrengung zu einer
wirklichen Berufsausbildung schon groß, und eine Frau,
die es bei den in unserer musikliebenden Zeit vielleicht
noch wachsenden Ansprüchen zu etwas bringen will, muß

sich mit ihren Kräften schon sehr abgethan haben. Diese
Art von Musiklehrerinnen wird also für die meisten
andern Erfordernisse des weiblichen Lebens nur noch
in geringem Maße brauchbar sein. Sie müßte deswegen ein Mißlingen ihrer Laufbahn doppelt schmerzlich
empfinden.

———

III.

Wie thöricht ist doch im Hinblick auf diese be-
schränkten und bescheidenen Aussichten einer künftigen
Musiklehrerin die in unseren kleinen Familien noch
immer geltende Anschauung, man thue seinen Töchtern
für die Zukunft etwas zu gute, wenn man sie Klavier
spielen läßt. Wer wüßte nicht, wenn er je im Leben
beobachten gelernt hat, von den Opfern, die hier, oft-
mals unter Seufzen und Entbehrungen und doch ver-
geblich, gebracht werden, seinen Vers zu sagen? Opfern
an Geld: so und soviele zu Grunde gespielte Instrumente, wenn sie auch vielleicht nur alt gekauft waren,
dazu Unterrichtsstunden und Noten; Opfern an Arbeit
und Qual für die Angehörigen: das gute Zimmer

mußte geheizt und so und so oft wöchentlich die Trom-
melei in der engen Etagenwohnung von jedem Familien-
mitgliede mitgenossen werden; Opfern endlich an Gesundheit und Nerven für das Kind selbst und vor allen
Dingen an der geistigen Ausbildung, die über dem
Klavierspiel vernachlässigt wurde!

Und was ist nun der Erfolg dieses Aufwandes von
Kräften gewesen? Hier denken wir wieder an den
Durchschnitt und lassen die wenigen Wunderkinder bei-
seite.

„Liegen lassen" ist, wenn ich mich nicht irre, ein
Ausdruck, der sich in unserer Umgangssprache wohl nur
oder wenigstens vorzugsweise für das Aufgeben von
mißglückter „Musik" — wie man dieses Geräusch freund-
lich-euphemistisch nennt — gebildet und nun völlig ein-
gebürgert hat. Daß freilich auch Frauen gewöhnlich bald
nach der Heirat oder wenigstens nach dem ersten Kinder-
schrei diese Art von Musik „liegen lassen", ist unter
dem Gesichtspunkte, nach dem wir den Gegenstand zu
behandeln haben, keine Frage von Erheblichkeit. Denn
wir haben es mit den Bedingungen für die Beschäftigung
unversorgter, also in der Regel nicht verheirateter Frauen
zu thun. Ebensowenig geht es uns an, wenn, wie

das vielerwärts Stil ist, sobald die Kinder der ersten
Hilflosigkeit zu entwachsen beginnen, die Mütter jene
Art von Musik in die Form von Gesangvereinen, Chor-
stunden, Quartettabenden oder dergleichen umsetzen und
sich dadurch froh, aber andere meistens weniger glücklich
machen. Ich erwähne das aber dennoch in diesem
Zusammenhange, um nichts zu übergehen und mir vor-
weg das Zugeständnis zu sichern, daß man um des-
willen seinen Töchtern doch keinen Musikunterricht
geben zu lassen braucht, wenn einem das Geld nicht
zufällig in der Tasche drückt.

Sehen wir also hiervon ab, — wie wenige junge
Mädchen lernen nach jahrelangem Unterrichte auch nur
ordentlich vorspielen? Ich meine nicht, in der Familie,
wo man ja auch die Gerichte noch ganz gern ißt, die
für die Gesellschaft als mißraten gelten. Auch nicht in
solchen Gesellschaften, wo die meisten sich nach den
ersten Tönen in ein Nebenzimmer retten, um sich bei
dem fernen Geräusch desto besser zu unterhalten.
Sondern ich meine: so vorspielen, daß man die Musik
in der Seele fühlt! Und auf diese wenigen kommen
alle die vielen, die für ihre fragwürdigen Leistungen
Aufmerksamkeit und Interesse von ihren Mitmenschen als

etwas selbstverständliches fordern, während doch bekanntlich der musikalische Mensch selbst an Rücksichtslosigkeit
seinem Nächsten das Denkbare bieten kann. Die rück-
sichtslosen Musikanten gleichen einigermaßen den Hunde-
liebhabern, welche ebenfalls den Maßstab für das, was
sie den Menschen schulden, verloren haben, wenn sie
uns für ungezogen erklären, weil wir es nicht für eine
Ehre ansehen wollen, mit Mizi oder Azor das Polster
des Eisenbahncoupés zu teilen. — Wenn doch so manche
Frau, habe ich oft denken müssen, die Zeit, welche sie
auf dieses Klavierspiel als Kind verwenden mußte, auf
andern Unterricht und gute Lektüre hätte verwenden
können! Wie viel wohler wäre uns.

IV.

Man trifft oft, namentlich auch in Frauenkreisen,
auf die Anschauung, als sei die Musik, in welcher Güte
auch immer, ein notwendiges Erfordernis unserer Bildung
oder wohl gar ein Ersatz für einzelne Teile derselben.
Es sei mir gestattet, diese Auffassung kurz zu beleuchten

und so auf einem kleinen Umwege desto bequemer zum
Ziele zu gelangen.

Von der Musik der Griechen wissen wir ganz
außerordentlich wenig. Aber zu dem wenigen Sicheren,
was wir wissen, gehört, daß diese Musik ein innigeres,
wesentlicheres Verhältnis hatte zu der Litteratur, zu der
Gattung und dem Inhalte der Dichtung, also zu dem,
— möchte ich sagen — wobei sich auch der unmusikalische
Mensch etwas denken kann. Darum konnte bei den
Griechen die Musik einen erheblicheren Teil der allgemeinen
Erziehung ausmachen, als bei uns. Deshalb mußte
jeder gebildete Mann etwas von Musik verstehen, und
in Athen sprechen die dramatischen Dichter von der
Bühne herab zum Volke über Einzelheiten, die bei uns
einer so gemischten Zuhörerschaft gar nicht vorgetragen
werden dürften.

Kann dagegen jetzt, wenn wir von ganz großen
Städten und von vorzugsweise musikalischen Kreisen
absehen, ein erheblicher Teil der Besucher unserer
üblichen Symphoniekonzerte sagen, daß, was er hier
hört, er in Gedanken umzusetzen oder zu seiner sonstigen
Bildung jedesmal in Beziehung zu bringen sucht? Sind
es nicht im Gegenteil die meisten, die dort gar nichts

suchen und denken, so daß im besten Falle etwas un-
klares Sentiment zurückbleibt?

Je fester eine der Künste in ihren Voraussetzungen
mit den Grundlagen unserer übrigen, theoretischen Ausbildung zusammenhängt, desto notwendiger ist ihr Ertrag
für die Bildung des einzelnen. Der Architekt zum
Beispiel muß theoretisch gebildeter sein, als es der
Maler zu sein braucht. Es gibt Schauspieler, die vor-
züglich rezitieren und doch einen unausstehlich gespreizten,
ungebildeten Stil sprechen und schreiben, wenn sie aus
eignen Mitteln sich äußern sollen.   Und der Musiker?
Ist es denn rein zufällig, daß so viele bedeutende und
unbedeutende Musiker in ihrem Wesen, dessen Grundlage
doch zu einem Teile wenigstens ihre Bildung sein dürfte,
einfach unausstehlich sind? Von hier aus darf ich wohl
eine für unsere ganze heutige Kultur nicht unwesentliche
Frage aufwerfen. Hat denn die Musik, wie sie jetzt
getrieben wird, abgesehen von der Schulung der menschlichen Stimme, — hat also im wesentlichen das jetzige
Klavierspiel mit unserer Bildung irgend etwas zu thun
und kann es als ein Erziehungsmittel in dem eben be-
rührten, antiken Sinne gelten? Die Noten kann man
lernen, die Töne liegen bereit und werden gegriffen,

gleichviel ob sie verstimmt sind oder nicht, genau so wie
bei der Zither, nur daß sich hier noch schneller in seinen
Mußestunden jeder Oberkellner zum Virtuosen aus-
bilden kann.

Etwas Gewinn liegt darin und ich gebe zu, daß
auch der unmusikalischste Mensch theoretisch etwas dadurch lernt, was ihm bis dahin völlig fremd war.
Aber von einem wirklichen Werte für unsere Erziehung
könnte doch nur bei einem Instrumente die Rede sein,
wo die Tonbildung erst gesucht werden müßte, und
darum wäre zu wünschen, daß einerseits die Violine
noch mehr in Aufnahme käme, anderseits die Ansprüche
an das Klavierspiel so sehr sich steigerten, daß alle
Stümperei bliebe, wo sie hingehört, und dieser geschmack-
lose Dilettantismus, wenn auch nicht verschwände, so
doch wenigstens nicht weiter wucherte.

Einstweilen ist dazu keine Aussicht. In unserer
Kindheit war dies Klavierspiel noch mehr oder weniger
Sache der Kinder von wohlhabenden Häusern. Jetzt
greift es immer tiefer. In den großen Städten sehen
wir nicht selten in den Kellerwohnungen, bei Portiers-
leuten das Pianino stehen. Die Zukunft, wenn sie
unser Leben einmal zum Gegenstand ihrer Beobachtung

4*

macht, wird diesen Zustand nicht begreifen und am allerwenigsten auf die Frage zu antworten wissen, warum man das unvollkommene Geräusch, das ja der Phonograph der Nachwelt überliefern könnte, einst Kunst nannte. Möglich ist, daß diese Darlegung manchem übertrieben dünken wird und daß meine Wahrnehmungen besonders ungünstig waren. Jeder von uns steht am Ende unter dem Einflusse einzelner Vorurteile. Meine Großmutter, eine feine alte Frau aus der französischen Zeit, führte alle Unarten der jüngeren Männerwelt auf das Rauchen zurück. Aber so ganz unrecht hatte sie darin vielleicht doch auch nicht. —

Also das heutige Klavierspiel hat für die Erziehung unserer Kinder nur in Ausnahmefällen Wert. Es ist meistens schädlich, insofern es besseres verdrängt. Wer darum seine Töchter nicht mit Ernst in die mühsame Vorbereitung zu dem Berufe einer künftigen Lehrerin zwingen will oder muß, soll sich wenigstens nicht einbilden, daß er etwas erhebliches für ihre Zukunft thut dadurch daß er sie Klavier spielen läßt.

V.

Wir kommen nun zu schriftstellerischen Arbeiten, die keine amtliche Thätigkeit voraussetzen. Keiner von uns wird das Kochbuch beanstanden. So gibt es ferner von Frauen gut geschriebene Bücher über andere Zweige weiblicher Arbeit. Aber unserer Frauen Ehrgeiz geht weiter. Wollen wir nun den Roman und die übrige frei schaffende, dichtende, schöngeistige Litteratur vorläufig beiseite lassen und annehmen, daß die Hervorbringung auf diesem ganzen Gebiete an das Talent gebunden sei, so werden wir zuerst als Ziele, die dem bloßen Fleiße erreichbar sind, wissenschaftliche oder populär-wissenschaftliche Arbeiten der Frauen ins Auge zu fassen haben.

Es liegt mancherlei vor. Am liebsten arbeiten die Frauen, wie das bei ihrer Natur und der Art des Gegenstandes begreiflich ist, auf litteraturgeschichtlichen Gebieten und da wieder mit besonderer Vorliebe, wenn der Schwerpunkt der gewählten Aufgabe in dem Subjektivsten von allem, der sogenannten ästhetischen Schätzung, liegt. In der Geschichte bevorzugen sie, ebenfalls begreiflich, das Zuständliche, Kulturhistorische

oder auch die Biographie. Auch sprachliche Arbeiten
finden sich, meistens mit Anwendung auf einen für
praktisch gehaltenen Zweck. Und wie auf allen diesen
und noch einigen andern Gebieten Frauen schriftstellerisch
thätig sind, so thun sie es auch in populären Vorträgen
über Gegenstände ihrer Wahl den Männern gleich.

Es gilt dem allen gegenüber einen Standpunkt für
die Beurteilung zu fassen. Vieles, das schicke ich ohne
weiteres voraus, wenn ich namentlich an so manchen
Damenvortrag denke, hat gar nicht den Wert einer sach-
lichen, ruhig zu erwägenden Leistung, sondern nur die
Bedeutung eines Agitationsmittels. „Seht, das können
wir eben so gut." Anderes, was diesen Vorwurf nicht
verdient, wird gewöhnlich deswegen nicht richtig beurteilt,
weil man es nicht im Vergleiche zu der betreffenden
Männerleistung, sondern um irgend eines Neigungs-
wertes, um der Neuheit willen, aus galanter Rücksicht,
so und nicht nach seinem wahren Werte abschätzt.

Auf dem Gebiete der wissenschaftlichen Männerarbeit
nehmen wir häufig wahr, wie in den maßgebenden Re-
zensierblättern ein gemachter Mann seinen weniger
glücklichen Fachgenossen von oben bis unten zerzaust,
während der vornehme oder auch nur reiche Dilettant,

der sich auch einmal herabläßt etwas zu schreiben, vielleicht von demselben Rezensenten bei diesem Anlasse eine
höfliche, wenn auch vorsichtige und nicht gerade viel-
sagende Begrüßungsrede erhält. Denn was dieser zu
Markte bringt, ist wertlos, aber durchaus unschädlich;
warum soll man den feinen Mann verletzen? Vielleicht
wird er für diese Artigkeit noch einmal in einer ganz
angenehmen Weise sich erkenntlich zeigen. Der andere
aber kommt mit einer wirklichen Arbeit, ist Konkurrent,
muß also anders angefaßt werden. Der Kontrast ist
gewiß häßlich genug, aber das Leben bietet ihn leider so.

Möchten sich nun nicht auch die schriftstellernden
Damen vor allen Dingen sagen, daß die Männer, an
deren Urteil sie sich mit ihren Leistungen etwa wendeten,
in erster Linie höflich sind? Wollten die Männer
sprechen, wie sie es unter sich zu thun pflegen, so würden
sie anders reden.

Oder aber, hören die Damen es etwa so lieber, so
wollen wir sagen: „Meine Damen, es gibt schon so
unendlich viele Männer, die sich mit Schriftstellerei ihr
tägliches Brot ganz oder teilweise zu verdienen redlich
bemühen müssen. Also, bitte, wenn Sie nicht etwas
viel besseres haben, so setzen sie sich keinen Ent-

täuschungen aus, deren Zeit unfehlbar kommen wird,
so sicher, wie sie für manchen Mann, der mit unzuläng-
lichen Kräften an ähnliche Aufgaben ging, nicht aus-
geblieben ist."

Jetzt ist es noch Modesache, sich nachsichtsvoll und
anerkennend über litterarische Frauenarbeit zu äußern,
und manchem angesehenen Manne schmeichelt es gedruckt
zu lesen, daß Herr Geheimrat oder Herr Professor so
und so mit aufmunternder Anerkennung die und die
Schrift einer jungen Dame entgegengenommen habe.
Aber das ist Sport, Reiz der Neuheit. Auch das ver-
altet einmal, und dann hört die Rücksicht auf. Wenn
aber rücksichtslos und in der Art, wie schriftstellernde
Männer miteinander zu hantieren pflegen, Frauen- und
Männerarbeit auf dem Gebiete des Büchermarktes
beiderseitig in die Wagschale gelegt wird, wie dann? —

Ich habe begreiflicherweise längst nicht alles gelesen
oder durchgesehen, was Frauen an populär-wissenschaft-
lichen Arbeiten haben drucken lassen, — beileibe nicht!
Aber ich habe kaum etwas gelesen, was nicht in seinen
Mängeln ein unfreiwilliges Ursprungszeugnis trüge und,
soviel ich mich erinnere, gar nichts, das nach seinen Vor-
zügen unbedenklich an die Seite einer guten Männer-

arbeit derselben Art gestellt werden könnte. Ich hätte
keinen Grund es zu bedauern, wenn es sich anders ver-
hielte, empfinde darum auch keine Schadenfreude oder
Genugthuung darüber, daß ich die wissenschaftliche
Thätigkeit der Frauen nur in so kühler Beleuchtung
zeigen kann. Meine Aufgabe war, die Thatsachen
wirken zu lassen. Ich denke nicht, daß ihnen Gewalt
angethan sein wird.

VI.

Unter den freien, dichterischen Schöpfungen nimmt
in unserer Zeit der Roman die erste Stelle ein. Das
Bedürfnis nach romanartigen Erzählungen in Buchform
oder für Zeitschriften und für das Feuilleton der Zeitungen ist ungeheuer und die Zahl der Arten nach
Inhalt, Umfang, Form, Erzählungsweise schier unendlich.

Ich kenne manche Frau, die ein hübsches Talent
hat und mit kleinen Erzählungen erfundener oder er-
lebter Dinge sich und anderen Freude macht und auch
ihrer Wirtschaftskasse einen wesentlichen Zuschuß ver-

schafft. Ähnliches thun wir Männer ja auch, wenn
wir können oder mögen. Aber damit begnügen sich die
Frauen nicht. Sie wollen nicht nur einen Nebenerwerb,
eine Zubuße haben. Sie wollen als Schriftstellerinnen
gelten und als solche leisten und erwerben, und wir alle
wissen, daß in Deutschland zahlreiche Romane von
Frauen geschrieben sind.

Nun darf man aber auch nicht, was ich früher als
Möglichkeit offen gelassen habe, dem Talente hier eine
zu große Stelle einräumen. Denn diese ganze Thätigkeit bekommt infolge der Nachfrage, des Lesebedürfnisses
etwas fabrikmäßiges. Der Roman hört auf ein Kunstwerk zu sein, er wird zu einer Arbeitsleistung in einer
bestimmten Form, die sich jemand durch Übung an-
eignen kann. Wir haben also eine Technik vor uns
und eine Art von Carriere, an welcher auch Frauen
teilnehmen. Das Wort „Blaustrumpf" hat ja seit lange
seine feste Stelle in unserer Sprache.

Man erwarte nicht, daß ich einzelne Romanschriftstellerinnen nenne, bespreche und ihnen ihren Rang an-
zuweisen versuche. Alles persönliche wird besser beiseite gelassen, damit die Thatsache, die Kulturerscheinung,
beurteilt werden kann unter den beiden Gesichtspunkten,

die für die Frauenfrage maßgebend sind, dem des Er-
werbs und dem der Ehre und der äußeren Stellung.

Daß die Romanschriftstellerei in einzelnen Fällen
auch Frauen recht viel einbringt, ist bekannt. Sogar
geringwertige Ware wird vielfach im Verhältnis zu dem
Aufwande noch gut bezahlt. Ich kenne, um nur ein
Beispiel anzuführen, eine große Zeitung, deren Feuilleton
manchmal ein Vierteljahr hindurch und länger von
Frauenromanen eingenommen wird, die das Leben der
vornehmen Kreise mit allen seinen Nichtigkeiten, Bällen,
Diners, Schlittenpartien, in ernsthafter Ausführlichkeit
und recht zweifelhaftem Deutsch vorführen. So traurig
das für den geistigen Standpunkt eines Blattes und
seines Leserkreises ist, die betreffende vornehme Dame
wird, wenn sie auch weniger bezahlt bekommt, als ein
Feuilletonartikel, wie er sich für eine solche Zeitung
schickte, kosten würde, immer noch auf ihre Rechnung
kommen. Denn sie braucht nicht davon zu leben; und
mit richtigem Maße gemessen, wäre dies unbeholfene
Geschreibsel gar nichts wert. Das ist ein Beispiel, und
es handelt sich um eine große, vornehme Zeitung.
Weiteres steht auf Wunsch zur Verfügung.

Andere wieder bearbeiten vorhandene Bücher zu popu-

lären Zwecken, geben ihnen andere Form, übersetzen aus
dem Englischen und Französischen. Manchmal ist das
nicht schwer, und wenn deswegen der übrigens an sich
recht bescheidene Lohn der Arbeitsleistung immer noch
angemessen sein mag, so fragt es sich doch noch sehr,
ob er in dem Falle noch genügt, wenn für die Frau
ein wirkliches, ernstes Erwerbsbedürfnis in Frage kommt.
Manche, die es nicht nötig haben, thun, als ob sie
Berge von Geld mit ihrer Feder verdienten oder verdienen könnten. So ist das wirkliche Leben aber nicht.
Vielmehr machen wir eine Beobachtung sowohl an Mit-
teilungen einzelner Beteiligten, als an den Briefkasten-
notizen solcher Journale, in denen diese Art Litteratur
erscheint. Das Angebot des mittleren Durchschnitts und
vollends der noch geringeren Ware ist so erstaunlich
groß, der Preisdruck infolge davon so bedeutend, daß,
wenn man die Schriftstellerinnen in erwerbende und
verzehrende scheiden wollte, man auf jener Seite eine
Reihe vielleicht recht glänzender Ausnahmen finden
würde, auf dieser aber neben einer Summe von Elend
einen recht bescheidenen Nebenverdienst von Frauen, die
nicht auf den Erwerb ihres Lebensunterhaltes angewiesen
sind. Habe ich also früher von einer Art Carriere ge-

sprochen, so sieht man nun, daß das doch mehr bildlicher Ausdruck war, als Wirklichkeit, insofern die Voraussetzungen einer festen Vorbildung und einer annähernd sicheren Berechnung für den Durchschnitt der Menschen hier doch nicht gegeben sind. Glück ist natürlich Glück, wie überall.

Die Romanschriftstellerinnen wollen, ob sie nun auf diese Weise ihren Erwerb suchen müssen oder nicht, mit ihren Leistungen auch ihre geistige Ebenbürtigkeit den Männern gegenüber beweisen. Von da aus können sie dann weiter folgern: gelingt uns das auf einem Gebiete, so ist es nur eine Frage der Zeit, uns andere zu erschließen, die man uns aus falschem Vorurteil noch vorenthält. — Insofern hat es wohl eine weiter tragende Bedeutung zu fragen, ob den Frauen mit den bis jetzt in Deutschland vorliegenden Romanen der Beweis gelingen könnte.

Von den besseren deutschen Frauenromanen glaube ich soviel zu kennen, um eine persönliche Meinung aussprechen zu dürfen, wo nicht eine erschöpfende Analyse gefordert wird, sondern hinlängliche Begründung eines empfangenen Eindruckes ausreicht. Ich weiß ferner, daß, wenn ich grobe, sinnfällige, elementare Fehler in Frauenromanen aufzählen wollte, man mir reichliche Gegenstücke dazu entgegenhalten könnte aus Romanen von Männern, die sich ihre Aufgabe ebenfalls jetzt oft recht leicht machen. Wenn ich aber das Beste hier und das Beste dort vergleiche, so wird die folgende Betrachtung, so ungünstig sie auch für die eine Seite ausfallen mag, nicht unrichtig oder unrecht genannt werden dürfen.

Am wenigsten genügt in dem Frauenroman die Handlungsführung, wenn der Anstoß zum Fortschritte, die Motivierung, durch äußere Thatsachen, sei es geschichtliche oder angenommene, erfolgt. Die Frau beherrscht naturgemäß dieses Gebiet nicht mit ihrem Blick und ihrer Erfahrung. Sie zieht sich darum häufiger auf die weniger angreifbare Stellung der rein psychologischen Motivierung zurück. Wenn nun aber die Beweisführung für das, was sein kann oder nicht sein kann, hier auch in der Regel nicht so einfach ist, wie dort auf dem Boden der Thatsachen, so gibt es doch überzeugende und nicht überzeugende Eindrücke, und eine Frau wird, wenn sie Unwahrscheinliches aufstellt, leicht bis hart an die Grenze des Unmöglichen gehen. An Äußerlichkeiten wäre noch zu erwähnen die nicht auf den Augenpunkt zusammengehaltene Schilderung des

Details, ein Zuviel oder ein Hervorkehren von Un=
wesentlichem besonders in der beliebten Beschreibung von
Mobiliar, Toilette oder Dekorationsgegenständen, also
gerade das Gegenteil etwa von Konr. Ferd. Meyer.
Es ist kaum zu sagen, in wie vielen unscheinbaren
Dingen dem vorurteilslosen Beobachter die weibliche
Schriftstellerei sich von ihrer unvorteilhaften Seite zeigt.

Ich behaupte also, daß in Deutschland der gute
Frauenroman unter dem guten Männerroman steht.
Keine unserer Romanschriftstellerinnen kann sich, was
Technik betrifft, beispielsweise mit George Sand messen,
man mag über die Gattung denken, wie man will.
Männliche Erscheinungen, wenn ich diesen Ausdruck einmal gebrauchen darf, solche, die nicht bloß anregend
wirken, sondern zu vollen Leistungen ausreiften, sind in
der Litteraturgeschichte aller Völker überhaupt selten.
Die Griechen hatten nur die e i n e Sappho, deren Dich-
tungen man es nicht anmerkte, daß sie einer Frau ge-
hörten.　Ihrem persönlichen Rufe ist aber dieses Maß
der Arbeitsleistung schlecht genug bekommen, wie der
böswillige Klatsch zeigt, den man früher für historische
Überlieferung nahm.　Die Frauen haben zu allen Zeiten
hervorragender und eindringlicher durch Anregungen ge=

wirkt, als durch einzelne fertige Leistungen. Ich erinnere
unter den Franzosen an Madame de Sévigné oder
Madame de Maintenon, auch an Madame de Staël.
In Deutschland zeigt uns das verflossene Jahrhundert
eine ganze Anzahl solcher fürstlicher und hoch- und
niedriggeborener Frauen, deren Namen ich meinen Lese-
rinnen nicht erst anzuführen brauche. Möchten sie sich
die Art einzelner von ihnen etwas näher ansehen!

Sie werden mich vielleicht auf den englischen
Familienroman hinweisen, der allerdings auch von
Frauen geschrieben wird und vielfach auf der Höhe
männlicher Leistung steht. Aber es genügt ein flüchtiger
Blick auf die Geschichte und den Kulturzustand beider
Länder, um zu zeigen, daß dies keine Analogie für sie
und uns ist. Der an Richardson sich anschließende,
von Frauen geschriebene Familienroman hat eine andert-
halbhundertjährige Geschichte, und alle die Vorteile,
welche mit lange gesicherten Grundlagen verbunden zu
sein pflegen, kommen in England den heutigen Schriftstellerinnen zu statten. Dazu kommt der größere Reich-
tum, der den Kaufenden nicht minder als den Schrei-
benden nützt, und die freiere Stellung, welche der
englischen Frau gestattet, die Sorge für den Haushalt

auf andere abzuwälzen. Das alles ist bei uns anders, kleiner, enger, und das teilt sich den Frauenromanen ebenso mit, wie zum Beispiel kein deutscher Roman überhaupt an Weite des Horizontes jemals Smollet's Humphrey Clinker erreicht hat.

Nun möchte ich aber am Schlusse dieser Bemerkungen über den Wert des deutschen Frauenromans etwas ganz eigentümliches, eine nach meiner Empfindung völlig einwandsfreie Leistung erwähnen, nämlich das Tagebuch eines armen Fräuleins von Marie Nathusius. Es ist, abgesehen davon, daß Äußerungen des christlichen Gemütslebens zu deutlich und zu reichlich an die Oberfläche treten, ein kleines Kunstwerk nach jeder Seite. Und wenn man sich die Mühe geben will, die Vorzüge einzeln sich klar zu machen, so wird man finden, daß sie gerade in der besonderen Begabung einer Frau ihren Grund haben. Ein Mann hätte ein solches Buch schwerlich schreiben können. Das wäre also etwa ein Beispiel für die der Frau eigentümliche Art der litterarischen Leistung, wenn ich mir anmaßen wollte, Anweisungen oder Vorschriften zu geben.

———

VII.

Der Leser wird einsehen, daß die hier besprochenen
Dinge mit der Frage nach einem sicheren Erwerb der
Frauen nur sehr wenig zu thun haben, und daß Ehre
und Ansehen, die sie Einzelnen bringen mögen, weit entfernt sind, für das ganze Geschlecht zu einer meßbaren,
wesentlich erhöhten sozialen Stellung zu führen. Immerhin gehörte das alles zur Sache und es kann vielleicht,
wenn es ruhig ausgesprochen wird, manche vor Thor-
heiten bewahren und etwas Zufriedenheit in die Seelen
derer legen, die über das ungleiche Los der Geschlechter
klagen und es hart finden, daß unsere Weltordnung,
an deren Anfang der Genuß des Apfels und das aus-
schlaggebende Wort der Mutter Eva stand, nun nicht
auch noch mit der Selbstherrlichkeit ihrer Töchter
enden soll.

3. Konkurrenz zwischen Frau und Mann und der häusliche Wirkungskreis der Frau.

I.

Eine wirtschaftliche Bewegung kann nur dann berechtigt genannt werden, wenn sie auf irgend eine Art neue Werte schafft, nicht aber, wenn sie bloß einem Teile gibt, was sie dem andern zuvor genommen hat. Die Frauen dürfen ihren Erwerb nur da suchen, wo nach ihrer Arbeit ein Bedürfnis ist, mit andern Worten: wenn, was sie machen wollen, die Männer nicht oder doch nicht so gut machen. Verdrängen sie nur die Männer und dann wohl gar noch mit minderwertigen Leistungen, so ist das eine einseitige Bewegung, die auf die Dauer nicht zum Guten führen kann.

5*

Die Frauen haben deswegen zunächst den Beweis zu bringen, daß sie auf einem Arbeitsgebiete, welches sie sich neu erschließen wollen, mit mindestens gleichwertigen Leistungen den Männern gegenüber erscheinen können. Ich möchte behaupten, daß, wenn diese Voraussetzung berechtigt ist, nur solche Frauenarbeit ersprießlich sein wird, die nach irgend einer Seite hin der Besonderheit der weiblichen Natur entspricht. Solcher Arbeit sucht aber die jetzige, vorwiegend auf Emanzipation gerichtete Bewegung am liebsten aus dem Wege zu gehen. Sie thut sie mit Schlagwörtern ab, wie: „Strümpfe zu stopfen, sind wir zu gut."

Es wäre bei der Unberechenbarkeit menschlicher Verhältnisse thöricht, zu leugnen, daß die Bewegung auch von ihrem jetzigen, verkehrten Ausgangspunkte aus zu vorübergehenden Erfolgen führen könnte. Aber auf die Dauer kann sie nicht gedeihen. Das werden wir bald besser wissen, als die Wahrsager!

Wir müssen noch einmal unsern Blick der Frauenfrage zuwenden, soweit sie innerhalb der sogenannten arbeitenden Klasse schon einen gewissen geschichtlichen Abschluß gefunden hat. Der Mann fordert hier für seine Frau keinen weiteren Anteil an seiner Berufsarbeit. Die Frau leistet bereits mehr, als ihm lieb ist. Er fordert für sich höheren Lohn und kürzere Arbeitszeit, für seine Frau aber in erster Linie nur diese. Denn die Frau drückt den Preis seiner Arbeit. In der Folge tritt zwar auch die Lohnfrage in der Frauenarbeit hervor. Aber sie ist dem Manne nicht so dringend, wie in seiner eignen Arbeit. Könnte er seinen Lohn so sehr steigern, daß er damit die Ausgaben seines Haushaltes völlig deckte und daß er der Frau überhaupt nicht mehr als Gehilfin seiner Berufsarbeit bedürfte, so würde er das gewiß erstreben. Aber da er es nicht kann, so begnügt er sich damit, die Berufsarbeit seiner Frau möglichst einzuschränken.

Die Konkurrenz zwischen Frau und Mann hat sich also hier bereits zu bemerkbarer Schärfe herausgebildet. Zwar wird die Frau, wenn sie um ihren Willen befragt wird, verständigerweise zurückstehen, wenigstens ihrem eignen Manne gegenüber, sobald sie einsieht, daß sie mit ihrem Arbeitsangebot den Preis seiner Arbeit drücken würde. Aber auch andern Männern gegenüber, überhaupt die Frauen als solche, zum Beispiel die unverheirateten, den Männern gegenüber? — Schwerlich! Die Frauenfrage für diesen Kreis unseres Volkes wäre

also längst festgefahren, wenn nicht der Staat mit
gesetzgeberischen Maßregeln wenigstens begonnen hätte,
sie auf ein anderes Geleise zu führen.

Was hat denn nun, wenn innerhalb der arbeitenden
Klasse der Mann vernünftiger Weise kein Interesse
daran hat, die Frau an seiner Arbeit teilnehmen zu
lassen, hier dennoch die Frauenfrage unterhalten und
ihr den Beistand der Männer verschafft? Der Umstand,
daß es eine politische Bewegung war, in der Mann
und Frau gegen eine andere Klasse, gegen die sogenannte
bessere bürgerliche Gesellschaft, zusammenstanden und daß
diese den Schaden tragen sollte für das, was dort gewonnen würde. Den Emanzipationsbestrebungen der
Frauen besserer Stände fehlt aber dieser politische
Gegner und damit eine wesentliche treibende Kraft.
Die Bewegung erfolgt hier auf Kosten der eignen
Männer. Und da glaubt man noch an ihre Zukunft?
— Es liegt in dieser Bewegung ein heftiger, eman-
zipativer Zug, der, als sie auf der niederen Stufe
ihren Anfang nahm, gar nicht vorhanden war. Wenigstens zunächst nicht, als die Frau bloß sich Arbeit
suchte und auch noch nicht, als sie diese Arbeit schon
längst gefunden hatte. Erst allmählich und ganz un-

abhängig an der Arbeitsfrage, erst im Dienste des politischen Klassenkampfes stellten sich hier die Emanzipationsgedanken ein. Diese sind also unter den Frauen besserer Stände bereits auf einer früheren Entwicklungsstufe der von ihnen unternommenen Bewegung wirksam, und sie machen sich, ich wiederhole es, gegen die eignen Männer geltend.

II.

Will man sich das Verhältnis klar vergegenwärtigen, so wird man einräumen: in den besseren Ständen wird es nicht viele Männer geben, die diese Bewegung mitmachen und die Frauen unterstützen. Man stelle sich die Konkurrenz im engsten Kreise, in der einzelnen Familie, klar vor die Seele. Der Vater hat mehre Söhne; sie kosten viel und kommen schwer weiter, nicht weil, was sie mit ihren Fähigkeiten lernen und leisten können, nicht allenfalls genügte zur Erfüllung des Berufes, für den man sie etwa bestimmt hat, sondern weil der Staat, um bei dem übergroßen Andrange das Angebot einzuschränken, seine Forderungen immer mehr zu

steigern genötigt ist und weil das schon in der Schule
trotz aller Änderungen und Erleichterungen seinen Ausdruck gefunden hat. Ist dem Vater damit gedient, wenn
er nun auch noch seine Töchter alles das durchmachen
lassen muß, sofern er nicht den Vorwurf erfahren will,
daß er die Pflicht standesgemäßer Ausbildung gegen sie
unerfüllt gelassen habe? Ist dem Manne wirklich damit
gedient, daß seine Frau „auch" Bücher schreibt, daß sie
in seinen Beruf eingreift, ihn gar selbständig treibt, als
Lehrerin, vielleicht sogar als seine Direktorin?

Wenn unsere Frauen und Töchter solche Wege
gehen, was soll dann aus dem Hause werden, für dessen
Ansprüche und Erfordernisse sie sich zu gut dünken?
Es ist in der That merkwürdig und zeugt von einer
gänzlichen Verkennung der wirklichen Lebensverhältnisse,
daß die emanzipierende Richtung in der Frauenbewegung,
die Richtung also, welche angeblich den Frauen helfen
will, das Haus als Stätte der Thätigkeit vermeidet und
Gebiete aufsucht, an deren Bestellung durch die Frauen
den Männern nicht das Mindeste gelegen ist, —
während sie anderseits alle Bemühungen, häusliches
Leben und Arbeit in unserm Volke zu heben, solchen
Kreisen überläßt, denen es nur um stille, sachliche

Förderung dieser wichtigen Interessen zu thun ist und denen jedes Geräusch und jede Agitation fern liegt.

Das Haus einer Familie unserer sogenannten besseren Stände zeigt genügend, wo weibliche Arbeitskräfte fehlen. Unsere Lebensverhältnisse werden komplizierter, dabei doch brauchbare Dienstboten seltener, weil die Läden und einzelne Industriezweige immer mehr Menschen beschäftigen. Die Ansprüche an eine verheiratete Frau steigern sich, und ihre Gesundheit, ihre Nerven haben damit in unserm Jahrhundert kaum Schritt gehalten. Hier werden Kräfte gebraucht; in kinderreichen Häusern, in Krankheitsfällen fehlt oft Hilfe.

Ein Blick in den Anzeigeteil unserer großen Tagesblätter belehrt uns darüber, was gesucht wird. Haushälterinnen, Wirtschafterinnen, wirkliche Stützen, Frauen, die die Stelle einer Mutter vertreten sollen und können. Mit welcher Deutlichkeit, die so knapp wie möglich das Bedürfnis des Nachfragenden ausdrückt, enthüllt sich doch da oft in den wenigen Zeilen die Notlage eines Hauses! Und was bietet sich anderseits an? Gouvernanten, Gesellschafterinnen, Reisebegleiterinnen, Damen zu einzelnen Herren oder zu Witwern, „junge" Mädchen, die Familienanschluß zur Bedingung machen, aber

durch einen Zusatz zeigen, daß ihnen der Lohn nicht
weniger wichtig ist. Auch das spricht deutlich genug,
aber es drückt nicht etwa das Bewußtsein aus, daß vor
allem Pflichten zu erfüllen sind und erst dafür Entgelt
zu fordern ist, sondern vielmehr das Bestreben, um das
Entscheidende, das Schwierige, das Verantwortliche
einer solchen Aufgabe (denn wer wollte das in Abrede
stellen!) sich hinwegzudrücken und die Annehmlichkeiten
einer möglichst verantwortungslosen „Stellung" sich von
vornherein zu sichern.

Kommt dann unter solchen Voraussetzungen auf
diesem Teile des Lebensmarktes ein Geschäft zu stande,
so erscheinen in dem Hause „Stützen", die an Herkunft
und Bildung wenig über den ehemaligen Dienstmädchen
stehen, an Ansprüchen sie hoch überbieten, an Leistungen
sie aber nicht von ferne erreichen. Junge Mädchen aber,
die von etwas besserer Herkunft sind, halten es für
schicklicher, Gouvernanten zu werden, und weil das
deutsche Haus, wenn nicht dringende Not es fordert,
gewöhnlich nicht mehr in der Lage ist, durch die Aufnahme eines an der Arbeit nicht teilnehmenden weiblichen Wesens die Last des Täglichen zu vermehren, so
ziehen die deutschen Gouvernanten scharenweise in die

Fremde, um dort, in England oder Rußland, in reichen Verhältnissen gegen mäßige Bezahlung einer Behandlung sich auszusetzen, der gegenüber die verschmähte Stellung einer wirklichen Stütze in einem deutschen Hause immerhin wohl noch einige Vorzüge haben dürfte. Manche von ihnen schreiben dann hinterher zu ihrer Genugthuung kleine Zeitungsartikel über alle die Schändlichkeiten, die sie draußen zu erdulden hatten und warnen ihre Mitschwestern vor ähnlichen Ausfahrten. Ja, Peter in der Fremde — muß ich dann denken — warum bist du selbst nicht daheim geblieben?

Dies genügt, um zu sehen, wo ein Bedürfnis nach wirklicher, besserer Frauenarbeit vorhanden ist. Aber freilich müssen es in der That Kräfte sein, Arbeiter, keine Statisten, und die Arbeit hat oft ihre Schwierigkeit, wie schließlich alles in der Welt. Aber wenn sie geleistet wird, wie sie sollte, so findet sie auch ihren Lohn und nicht nur im Gelde. Wer hat nicht in einzelnen großen Verwandten- oder Freundeskreisen Damen kennen gelernt, die helfend von Haus zu Haus gehen, in solchen Häusern alt werden und in hohen Ehren stehen? Das sind die Schutzengel des Hauses. Ich würde, wenn ich ein weibliches Wesen wäre, diesen Be-

ruf jedem andern vorziehen. Sie brauchen sich die
Familienzugehörigkeit nicht als Bedingung auszumachen,
denn sie versteht sich für sie von selbst in jedem Hause.

III.

Auf diesem Hause beruht unser Leben, auch unser
geistiges, unsere Ruhe, unser Glück. Treten wir von
da hinaus in die Bewegung der Frauen, die das alles
nicht kümmert, die doch nur ihre eigne Carriere möglichst weit von unserm Mittelpunkte suchen, so werden
wir sagen dürfen: die Sache ist, rein wirtschaftlich betrachtet, so unsinnig wie möglich.

Die Frauen werden, je weiter sie auf diesem Wege
gehen, desto mehr allein bleiben. Die Bundesgenossen-
schaft jüngerer, unreifer Männer und solcher, die nichts
einzusetzen haben, kann ihnen nichts nützen. Andere aber
werden sich nicht finden, die, wenn es wirklich Ernst
wird, ihre Ansprüche unterstützen. Weil ferner viele
unter den Frauen, die in dieser Bewegung stehen, nicht
heiraten, so werden die, welche den Gedanken daran
noch nicht aufgegeben haben, mit der Zeit zu jenen und

zu der ganzen Bewegung sich in Gegensatz setzen. Es
gibt manchen Mann, der, wie wenigstens seine Freunde
annehmen, über seinem Berufe das Heiraten vergessen
oder unterlassen hat. Ob aber auch Frauen? —
Jedenfalls besteht schon jetzt ein Gegensatz zwischen
solchen, die durch den Gedanken an eine künftige Ehe
sich in ihrer Ausbildung und in ihrer Thätigkeit leiten
lassen und denen, welche sich ihren Beruf selbständig
und ohne Rücksicht auf die Erfordernisse einer späteren
Häuslichkeit wählen, und dieser Gegensatz wird sich mit
der Zeit immer schärfer hervorkehren. So ist, wenn
nicht alles täuscht, die moderne Frauenemanzipation
keine Bewegung, die bei uns in Deutschland auf Unter-
stützung außer bei denen rechnen kann, welche mit ihren
wirklichen oder vermeintlichen Interessen daran beteiligt
sind. Das deutsche Haus hat noch eine zu starke
Stellung im Mittelpunkte unseres ganzen Lebens.
Schon im Kreise der allernächsten Angehörigen werden
die Frauen naturgemäß ihre Widersacher finden.

Denn die Bewegung schafft ja doch nicht die Frauen,
welche unser Leben braucht. Einzelne mögen manches
erreichen und es mit Genugthuung empfinden, daß sie
nun keine Strümpfe mehr zu stopfen brauchen, obwohl

hoffentlich doch auch das an ihrer Stelle noch irgend jemand auch für sie thun wird. Am besten werden, wie das bei solchen Bewegungen immer geschieht, für ihre Person die Wortführerinnen fahren. Sie können sich im ungünstigsten Falle an dem Beifall ihrer Gefolgschaft schadlos halten. Aber eines ist sicher: sie alle werden in der Minderheit bleiben, und wenn sie noch so laut ihre Lehren verkünden, im stillen werden sie das Glück derer beneiden, die bei uns bleiben, unser Haus besorgen, unsere Gedanken teilen, ohne dabei die Priorität zu beanspruchen. Und diese hinwieder mögen, wenn ihrem stillen, mühevollen Wirken die laute Anerkennung der Genossinnen draußen versagt ist, zu ihrer Stärkung des Wortes gedenken, welches diese Schrift als Motto trägt: „auch spinnen sie nicht".

Druck von Velhagen & Klasing in Bielefeld.

www.ingramcontent.com/pod-product-compliance
Lightning Source LLC
Chambersburg PA
CBHW020234090426
42735CB00010B/1691